50 Recettes de Shakes Pour la Musculation:

Des shakes à haute teneur en protéines

Par

Joseph Correa

Nutritionniste Certifié des Sportifs

DROITS D'AUTEUR

© 2016 Finibi Inc

Tous droits réservés

La reproduction ou la traduction d'une partie de ce travail au-delà de ce qui est permis par l'article 107 ou 108 de la Loi sur le droit d'auteur aux États-Unis sans la permission du propriétaire du droit d'auteur 1976 est illégale.

Cette publication est conçue pour fournir des informations exactes et fiables en ce qui concerne la matière couverte.

Elle est vendue avec la compréhension que ni l'auteur ni l'éditeur ne sont engagés dans l'apport de conseils médicaux. Si des conseils ou une assistance médicale deviennent nécessaires, consulter un médecin. Ce livre est considéré comme un guide et ne doit pas être utilisé en aucune façon pour nuire à votre santé. Consultez un médecin avant de commencer ce plan nutritionnel pour vous assurer qu'il s'adapte à vos besoins.

REMERCIEMENTS

La réalisation et le succès de ce livre n'auraient pu être possibles sans la motivation et le soutien de ma famille.

50 Recettes de Shakes Pour la Musculation:

Des shakes à haute teneur en protéines

Par

Joseph Correa

Nutritionniste Certifié des Sportifs

SOMMAIRE

Droits d'Auteur

Remerciements

A propos de l'Auteur

Introduction

Calendrier

50 Recettes pour construire des Muscles pour l'Haltérophile: des shakes à haute teneur en protéines

D'autres Grands Titres de cet Auteur

A PROPOS DE L'AUTEUR

En tant que nutritionniste certifié des sportifs et athlète professionnel, je crois fermement qu'une nutrition convenable vous aidera à atteindre vos buts plus rapidement et efficacement. Ma connaissance et mon expérience m'ont aidé à vivre en meilleure santé tout au long des années que j'ai partagées avec la famille et les amis. Plus vous en saurez sur le fait de manger et de boire pour une meilleure santé, plus tôt vous voudrez changer votre vie et vos habitudes alimentaires.

La nutrition est essentielle dans le processus d'être en meilleure forme et c'est là tout le sujet de ce livre, alors commencez des aujourd'hui.

INTRODUCTION

50 Recettes de Shakes pour la Musculation de l'Haltérophile vous aidera à augmenter la quantité de protéines que vous consommez par jour pour aider à augmenter la masse musculaire. Ces shake vont aider à augmenter votre masse musculaire de manière organisée en ajoutant des portions importantes et saines de protéines à votre alimentation. Être trop occupé pour se nourrir correctement peut parfois devenir un problème, et c'est pourquoi ce livre vous fera économiser du temps et vous aidera à nourrir votre corps dans le but d'atteindre les objectifs que vous vous êtes fixés. Assurez-vous que vous savez ce que vous consommez en préparant vous-même vos shakes, ou en ayant quelqu'un pour vous les préparer.

Ce livre vous aidera à:

-Gagner rapidement des muscles

-Gagner du temps

-Avoir plus d'énergie

-Vous entrainer plus dur et plus longtemps.

-Naturellement accélérer votre métabolisme pour construire plus de muscle.

-Améliorer votre système digestif.

Joseph Correa est un nutritionniste du sport certifié et un athlète professionnel.

50 RECETTES DE SHAKES POUR LA MUSCULATION

Jour 1

Petit-déjeuner : Shake tout en un

Shake de gain de muscle et d'énergie

Nous savons tous combien il est difficile de gagner du muscle; nous avons toujours besoin d'aide avec ce problème. Voici donc un grand
Shake pour améliorer le gain de muscle et renforcer également le corps. Vous pouvez le boire à tout moment de la journée, mais nous suggérons le petit déjeuner comme un bon moment.

Ingrédients:
- 400ml de lait
- 2 grandes cuillères de protéines de lactosérum en poudre

- 2 bananes 140g
- 2 grandes cuillères d'huile d'amande
- une pomme

Préparation:

Mélanger tous les ingrédients ensemble dans une centrifugeuse ou un mélangeur à grande vitesse, puis profiter d'une délicieuse boisson.

Valeur nutritive:
- Calories: 443
- Protéines: 32,5 g
- Glucides: 45 g
- Lipides: 16 g

Jour 2

Déjeuner: Prenez un grand shake

Shake de gain de muscle

Manger bien pour vous sentir bien, c'est le secret pour se construire de grandes quantités de masse musculaire basé principalement sur un pourcentage élevé de protéines. Pour atteindre cet objectif, vous devez mettre beaucoup d'efforts et vous nourrir correctement. Voici un excellent shake pour vous aider.

Ingrédients:
- ½ tasse de lait d'amande non sucré
- 2 grandes cuillères de sirop d'érable
- 2 bananes congelées • 1 grande cuillère de protéines de lactosérum en poudre
- 3 grandes cuillères de beurre d'amande

Préparation:

Mélanger tous les ingrédients ensemble dans une centrifugeuse ou un mélangeur à grande vitesse, puis profiter d'une délicieuse boisson.

Valeur nutritive:

- Calories : 830
- Lipides totale : 30g (lipides saine de beurre d'amande)
- Glucides : 115g
- Fibre : 14g
- glucides nets : 101 g
- sans gluten
- Protéines: 46 g

Jour 3

Petit-déjeuner: Shake sans poudre

Shake Gain de muscle

Tirez le meilleur parti de votre mix avec cette grande recette. Vous manquez de temps, et pourtant vous voulez atteindre votre quota nutritionnel, cette délicieuse boisson est prête en moins d'une minute. Votre corps a besoin d'un milk-shake "super", riche en protéines pour vos muscles, qui vous donnera un bon équilibre de glucides et de protéines, et quelle meilleure façon de le faire qu'avec ce mélange d'ingrédients.

Ingrédients:
- 2 grandes cuillères d'huile d'amandes
- 2 grande cuillères Beurre de cacahuètes
- ½ - 1 petite cuillère de miel
- 1 banane moyenne
- 2 tasses de lait
- 2 grande cuillères de poudre de protéine de lactosérum

Préparation:

Mélanger tous les ingrédients ensemble dans une centrifugeuse ou un mélangeur à grande vitesse, puis profiter d'une délicieuse boisson.

Valeur nutritive:

- Calories: 601
- Protéines: 49 g
- Glucides: 63 g
- Lipides: 25 g

Jour 4

Petit-déjeuner: Shake café Protéines

Shake Gain de Muscle

Cette recette de shake prend juste quelques secondes à faire, et elle est vraiment savoureuse. Assurez-vous que vous utilisez tous les ingrédients, les mélanger et servir après une session de formation. Le gain de muscle est l'une des choses les plus difficiles à atteindre à la salle de gym, de sorte que toute aide que vous pouvez obtenir en vaudra certainement la chandelle.

Ingrédients:

- 2 grandes cuillères de poudre de protéine de lactosérum
- 8 onces de café
- 8 onces de lait 2%
- 2 grandes cuillères de succédané de crème au caramel (creamer)

Préparation:

Mélanger tous les ingrédients ensemble dans une centrifugeuse ou un mélangeur à grande vitesse, puis profiter d'une délicieuse boisson.

Valeur nutritive:

- Calories: 398
- Protéines 58,4 g
- Glucides 13,4 g
- Lipides 6,4 g

Jour 5

Petit déjeuner: Shake Protéiné au beurre de cacahuètes pour la musculation

Shake Gain de Muscle

Cette recette de shake est excellente pour améliorer votre performance dans le gymnase et pour augmenter la croissance musculaire. Placez les ingrédients dans un mélangeur jusqu'à consistance lisse. Vous pouvez également utiliser du lait entier et du beurre d'arachide supplémentaire pour gagner plus de poids en calories avec cette boisson protéinée, ca ne tient qu'à vous.

Ingrédients:

- 8 oz lait écrémé
- 1 banane
- 1 grande cuillère de beurre d'arachide
- 2 grandes cuillères de poudre de protéine de lactosérum

Préparation:

Mélanger tous les ingrédients ensemble dans une centrifugeuse ou un mélangeur à grande vitesse, puis profiter d'une délicieuse boisson.

Valeur nutritive:

- Calories 498
- Protéines 58 g
- Glucides 44,1 g
- Lipides 11 g

Jour 6

Petit-déjeuner: Super Shake Rose

Shake Gain de Muscle

Préparation:

Mélanger tous les ingrédients ensemble dans une centrifugeuse ou un mélangeur à grande vitesse, puis profiter d'une délicieuse boisson.

Quand il s'agit d'une augmentation de poids massive, il est plus important de consommer la bonne quantité de calories avec un bon ratio de glucides/protéines, de sorte que vous avez assez d'énergie pour vous entrainer, et suffisamment de protéines pour permettre à vos muscles de se développer.

Ingrédients:
- ¾ de tasse framboises organiques surgelées
- ½ petite banane
- 1 grande cuillère de protéines de lactosérum en poudre
- ½ grande cuillère beurre de noix de coco brute

- 5 g de glutamine
- 1 tasse d'eau de source

Valeur nutritive:

- Calories: 268
- Protéines: 16,5 g
- Glucides: 44,5 g
- Lipides 6,7 g

Jour 7

Petit-déjeuner: Shake Protéiné a la Banane

Shake Gain de Muscle

Les protéines sont les nutriments les plus importants pour la croissance musculaire. Ils veillent à ce que le corps fonctionne correctement. Pour les pratiquants de la musculation, elles vous permettent d'avoir de plus gros muscles à condition, bien sûr, que vous suiviez une formation appropriée, et que vous ayez un régime alimentaire sain. Il s'agit d'un shake facile à préparer qui a une grande quantité de protéines.

Ingrédients:
- 8 oz lait écrémé
- 1 banane
- ½ tasse d'avoine
- 2 grandes cuillères de poudre de protéine de lactosérum

Préparation:

Mélanger tous les ingrédients ensemble dans une centrifugeuse ou un mélangeur à grande vitesse, puis profiter d'une délicieuse boisson.

Valeur nutritive:

- Calories 554
- Protéines 58 g
- Glucides 67.5g
- Lipides 6g

Jour 8

Petit-déjeuner: Shake Protéiné à la banane et aux airelles

Shake protéiné pour gagner du poids.

C'est un shake excellent pour gagner de la force et de la masse dans un court laps de temps, et sans délai. Il est sain, naturel, et fera un grand impact dans votre routine de gymnastique. Voyons donc les ingrédients et tout ce qu'il a à vous offrir.

Ingrédients:

- 12 onces d'eau
- 4 glaçons
- 1 banane
- 2 grandes cuillères de protéines de lactosérum

Préparation:

Mélanger tous les ingrédients ensemble dans une centrifugeuse ou un mélangeur à grande vitesse, puis profiter d'une délicieuse boisson.

Valeur nutritive:

- Calories 314
- protéines 45.1g
- Glucides: 32.1g
- Lipides 2,4 g

Jour 9

Petit-déjeuner: Soif d'Amandes et de Banane

Shake Gain de masse

Augmentez votre gain de masse musculaire en utilisant cette recette de shake, puis suivez vos progrès jour après, après vous être entrainé, pour constater l'amélioration de votre performance. Vous pouvez même préparer ce shake la veille afin que tous les ingrédients se combinent encore mieux.

Ingrédients:

- 1 banane moyenne congelée
- 1 tasse de yaourt nature
- 100 ml d'eau glacée
- 1 once d'amandes en poudre
- 1 tasse d'avoines brutes

Préparation:

Mélanger tous les ingrédients ensemble dans une centrifugeuse ou un mélangeur à grande vitesse, puis profiter d'une délicieuse boisson.

Valeur nutritive:
- Calories: 650
- Protéines: 53 g
- Glucides: 75 g
- Lipides: 15 g

Jour 10

Déjeuner: Shake Protéiné à la Cannelle

Shake gain de muscle

Suivez cette recette de shake pour augmenter votre gain de masse musculaire, avec un apport faible en lipides. Vous pouvez boire ce shake à n'importe quel moment de la journée.

Ingrédients:

- 1 tasse de lait écrémé
- 1 banane congelée
- 1 grande cuillère de protéines de lactosérum en poudre
- 1 grande cuillère de beurre de cacahuètes

Préparation:

Mélanger tous les ingrédients ensemble dans une centrifugeuse ou un mélangeur à grande vitesse, puis profiter d'une délicieuse boisson.

Valeur nutritive:

- Calories: 391
- Protéines: 38g
- Glucides: 42.1g
- Lipides: 10g

Jour 11

Petit-déjeuner: Shake consistant pour se muscler

Shake Gain de masse

Voici une excellente recette de shake qui vous donnera un énorme coup de pouce d'énergie et aidera également à augmenter votre développement musculaire. Alors, soyez prêt pour une grande expérience qui permettra d'améliorer vos séances de gym.

Ingrédients:
- 10-14 oz d'eau pure
- 1/2 tasse d'amandes crues
- 1/2 grande banane congelée
- 2 grandes cuillères de poudre de protéine de lactosérum

Préparation:
Mélanger tous les ingrédients ensemble dans une centrifugeuse ou un mélangeur à grande vitesse, puis profiter d'une délicieuse boisson.

Valeur nutritive:

- Calories: 380
- Protéines: 75 g
- Glucides: 57 g
- Lipides: 15 g

Jour 12

Petit-déjeuner: Shake Energie Extreme

Shake Gain de muscle et d'énergie

Si vous cherchez quelque chose pour gagner un peu d'énergie et également améliorer votre croissance musculaire, vous devriez essayer ce shake. Ce shake est plein d'ingrédients sains. Le thé vert prévient le cancer et les graines de lin constituent une bonne portion d'acides gras omégas 3 qui sont important pour le développement de votre corps.

Ingrédients:

- 10 oz d'eau pure
- 10 fraises (fraîches ou surgelées)
- 1 grande cuillère d'huile de grains de lin
- 1/2 cuillerée de thé vert en poudre
- 1/2 cuillerée à café d'extrait de vanille
- 1 grande cuillère de protéines de lactosérum en poudre

Préparation:

Mélanger tous les ingrédients ensemble dans une centrifugeuse ou un mélangeur à grande vitesse, puis appréciez cette délicieuse boisson.

Valeur nutritive:

- Calories: 420
- Protéines: 50 g
- Glucides: 42 g
- Lipides: 17 g

Jour 13

Déjeuner: Shake aux Pêches

Shake Gain de muscle

Les pêches donnent à ce shake une très bonne saveur et le fromage blanc est une excellente source de protéines et il est facile à digérer. Le meilleur moment de la journée pour boire ce shake serait le matin, mais vous pouvez le boire à tout moment.

Ingrédients:

- 8 oz d'eau pure
- 1 pêche mûre
- 2 grandes cuillères à soupe de fromage blanc faible en matières grasses
- Du sucre brun
- 1,5 grande cuillère de protéines de lactosérum en poudre

Préparation:

Mélanger tous les ingrédients ensemble dans une centrifugeuse ou un mélangeur à grande vitesse, puis profiter d'une délicieuse boisson.

Valeur nutritive:
- Calories: 250
- Protéines: 40 g
- Glucides: 21 g
- Matières grasses: 8 g

Jour 14

Petit-déjeuner: Shake de Myrtilles

Shake Gain de Muscle

Commençons la journée avec une excellente recette de shake qui vous permettra de maintenir un niveau d'énergie élevé, et de fournir l'apport protéique nécessaire afin que vous puissiez augmenter vos muscles plus rapidement. Les myrtilles sont connues pour être de puissants antioxydants et aident à prévenir le cancer.

Ingrédients:

- 10 oz d'eau pure
- ½ tasse de myrtilles fraiches ou congelées
- 1,5 grande cuillère de protéines de lactosérum en poudre
- 2 cuillerées d'huile de grains de lin

Préparation:

Mélanger tous les ingrédients ensemble dans une centrifugeuse ou un mélangeur à grande vitesse, puis déguster une délicieuse boisson.

Valeur nutritive:
- Calories: 210 g
- Protéines: 39g
- Glucides: 22 g
- Lipides: 4 g

Jour 15

Petit-déjeuner: shake aux Fraises

Shake Gain de muscle

La meilleure façon pour avoir des résultats rapides de croissance musculaire, c'est de consommer des shakes. Cette recette a un goût délicieux à cause de la combinaison de fraises et de fromage blanc.

Ingrédients:
- 10 oz l'eau pure
- 8 fraises congelées
- 4 grande cuillères à soupe de fromage blanc faible en matières grasses
- 1,5 grande cuillère de protéines de lactosérum en poudre

Préparation:

Mélanger tous les ingrédients ensemble dans une centrifugeuse ou un mélangeur à grande vitesse, puis profiter d'une délicieuse boisson.

Valeur nutritive:

- Calories: 310 g
- Protéines: 51g
- Glucides: 27g
- Lipides: 7 g

Jour 16

Petit-déjeuner: Plaisir de Shake a la Banane
Shake Gain de muscle

Mélanger les ingrédients suivants pour obtenir une boisson riche en oméga 3 et en potassium pour vous aider à augmenter le gain de muscle, et aussi pour maintenir un corps sain.

Ingrédients:
- 8 oz d'eau pure
- 1/2 banane (congelée)
- 2 grande cuillères de poudre de protéine de lactosérum
- 2 cuillerées d'huile de grains de lin

Préparation:
Mélanger tous les ingrédients ensemble dans une centrifugeuse ou un mélangeur à grande vitesse, puis profiter d'une délicieuse boisson.

Valeur nutritive:

- Calories: 350 g
- Protéines: 65g
- Glucides: 29g
- Matières grasses: 9 g

Jour 17

Petit-déjeuner: Shake a l'ananas

Shake Gain de muscle

Essayez cette recette de shake excellente qui est fameuse pour ses résultats rapides et son goût délicieux. Il est parfait pour vous aider à augmenter votre gain de masse musculaire, et il aura une forte incidence sur le système immunitaire.

Ingrédients:
- 1 tasse de jus d'ananas
- 3 fraises
- 1 banane
- 1 cuillerée de yaourt
- 1 grande cuillère de protéines de lactosérum en poudre

Préparation:

Mélanger tous les ingrédients ensemble dans une centrifugeuse ou un mélangeur à grande vitesse, puis profiter d'une délicieuse boisson.

Valeur nutritive:

- Calories: 340 g
- Protéines: 63g
- Glucides: 27g
- Lipides: 10 g

Jour 18

Petit-déjeuner: Shake musculaire

Shake Gain de muscle

Avez-vous des problèmes pour obtenir de plus gros muscles? Si la réponse est oui, vous devriez essayer cette recette de shake qui apportera des résultats instantanés dans votre formation, et de l'énergie tout au long de la journée.

Ingrédients:

- 1 tasse de lait faible en matières grasses
- 1/2 tasse de yaourt faible en gras
- 1 banane, tranchée
- 2 grandes cuillères de poudre de protéine de lactosérum
- 6 tranches de fraises
- 1 petite cuillère de germe de blé
- 1 grande cuillère miel ou sirop d'érable
- 1/4 tasse de petits fruits mixtes congelés
- Une pincée de noix de muscade ou poudre de caroube

Préparation:

Mélanger tous les ingrédients ensemble dans une centrifugeuse ou un mélangeur à grande vitesse, puis profiter d'une délicieuse boisson.

Valeur nutritive:

- Calories: 600
- Protéines: 70g
- Glucides: 54g
- Lipides: 15 g

Jour 19

Petit-déjeuner: Shake au Gruau

Shake Gain de muscle

C'est une excellente recette de shake pour augmenter la masse musculaire et protéger votre cœur. Il vous aidera à rester alerte pendant toute la journée, allez-y.

Ingrédients:

- 2 grande cuillères de poudre de protéine de lactosérum
- 1 tasse de glace à la vanille sans sucre
- 1 tasse de gruau
- 2 tasses de lait écrémé
- ½ tasse d'eau
- Une touche d'extrait de menthe

Préparation:

Mélanger tous les ingrédients ensemble dans une centrifugeuse ou un mélangeur à grande vitesse, puis profiter d'une délicieuse boisson.

Valeur nutritive:

- Calories: 621
- Protéines: 65g
- Glucides: 58g
- Lipides: 22 g

Jour 20

Déjeuner: Shake Tropical

Shake Gain de muscle

C'est l'un des shakes les plus délicieux que je n'ai jamais consommé et je suis sûr que vous l'apprécierez. Le mélange entre la banane, l'ananas, et la noix de coco lui donne une saveur tropicale qui est parfaite pour le matin ou en milieu de matinée. Les bananes ne doivent pas être gelées, elles devraient être a la température ambiante, cependant certaines personnes préfèrent ce shake très froid, surtout si l'on vient de finir sa séance de musculation.

Ingrédients:

- 8 oz l'eau pure
- 1/2 cuillerée extrait d'ananas
- 1/2 cuillerée d'extrait de noix de coco
- 1 grande cuillère fromage blanc
- 1/2 banane congelée

Préparation:

Mélanger tous les ingrédients ensemble dans une centrifugeuse ou un mélangeur à grande vitesse, puis profiter d'une délicieuse boisson.

Valeur nutritive:

- Calories: 540
- Protéines: 25 g
- Glucides: 43g
- Lipides: 17g

Jour 21

Déjeuner: Shake aux fruits

Shake Gain de muscle

La protéine est la clé de la croissance musculaire et de la récupération. Assurez-vous que vous essayez ce shake à tout moment de la journée. Ce shake de baies a beaucoup de qualités anti oxydantes qui vous seront bénéfiques lorsque vous avancez en âge et vous empêcheront de tomber souvent malade, et ce shake va être très utile lorsque vous ne pouvez pas vous permettre de prendre de longues pauses en semaine pour travailler à votre musculation.

Ingrédients:

- 2 grande cuillères de protéines de lait en poudre
- 4 grosses fraises
- une petite poignée de bleuets ou myrtilles
- quelques gouttes d'eau
- 3 œufs

Préparation:

Mélanger tous les ingrédients ensemble dans une centrifugeuse ou un mélangeur à grande vitesse, puis profiter d'une délicieuse boisson.

Valeur nutritive:

- Calories: 470
- Protéines: 45g
- Glucides: 39g
- Lipides: 15g

Jour 22

Petit-déjeuner: Shake Plaisir de Tarte aux Pommes

Shake Gain de muscle

Les athlètes qui consomment plus de protéines auront plus de masse musculaire que les personnes sédentaires, parce qu'ils maximisent leur potentiel de croissance, donc essayez de vous assurer que vous prenez ce shake juste avant ou juste après une session de formation. Le mélange de saveurs de pomme, cannelle, noix de muscade donne une saveur originale que l'on ne trouve pas normalement dans d'autres shakes.

Ingrédients:
- 1 grande cuillère de protéines de lactosérum en poudre
- 1 pomme pelée et épépinée, coupée en morceaux
- 1- 1/2 tasses de lait
- 1/2 petite cuillère de cannelle
- 1/2 petite cuillère de noix de muscade
- 5 Glaçons

Préparation:

Mélanger tous les ingrédients ensemble dans une centrifugeuse ou un mélangeur à grande vitesse, puis profiter d'une délicieuse boisson.

Valeur nutritive:

- Calories: 350
- Protéines: 35g
- Glucides: 21g
- Lipides: 10g

Jour 23

Petit-déjeuner: Shake de citrouille

Shake Faible en glucides

Voici un shake pour vous qui est une excellente source de protéines et offre un niveau élevé d'énergie pendant la journée. L'huile de lin et le yaourt donnent à votre corps une bonne fonction globale et ce shake contribue à vous donner un bon coup de pouce en calcium et en oméga 3.

Ingrédients:

- 2 grande cuillères de protéines de lait en poudre
- 8 oz eau
- 1 grande cuillère d'huile de lin
- 1 petite cuillère d'épices de Tarte à la citrouille
- 8 oz yaourt
- 4-6 cubes de glace

Préparation:

Mélanger tous les ingrédients ensemble dans une centrifugeuse ou un mélangeur à grande vitesse, puis profiter d'une délicieuse boisson.

Valeur nutritive:
- Calories: 300
- Protéines: 40 g
- Glucides: 26g
- Lipides: 11g

Jour 24

Petit-déjeuner: Shake a la Cannelle

Shake Gain de muscle

Ce shake doit être consommé tôt le matin avant une séance d'entraînement car c'est un bon fournisseur d'énergie, et il va également contribuer à accélérer la récupération musculaire.

Ingrédients:

- 1 biscuit Graham
- 1/2 petite cuillère à café de cannelle
- extrait de vanille
- 12 oz d'eau
- 4 cubes de glace

Préparation:

Mélanger tous les ingrédients ensemble dans une centrifugeuse ou un mélangeur à grande vitesse, puis profiter d'une délicieuse boisson.

Valeur nutritive:

- Calories: 280
- Protéines: 10g
- Glucides: 15g
- Lipides : 5 g

Jour 25

Petit déjeuner: Shake à la banane et au beurre d'arachide

Shake Gain de muscle

Le beurre d'arachide est une excellente source de protéines et d'énergie. De nombreux athlètes utilisent le beurre d'arachide comme principale source d'énergie avant l'entraînement ou avant la compétition. Le mélange avec la banane et les amandes améliore la saveur de ce shake et le rend encore plus digestif.

Ingrédients:

- 2 grandes cuillères de protéines de lactosérum en poudre
- 100 g d'amandes tranches
- 1 grande cuillère de beurre d'arachide
- 500ml lait écrémé
- demi-banane
- 1 grande cuillère à soupe de miel

Préparation:

Mélanger tous les ingrédients ensemble dans une centrifugeuse ou un mélangeur à grande vitesse, puis profiter d'une délicieuse boisson.

Valeur nutritive:

- Calories: 600
- Protéines: 55g
- Glucides: 35g
- Lipides: 10g

Jour 26

Petit-déjeuner: Shake Super-Mélange

Shake gain de muscle

Selon votre métabolisme, vous vous adapterez à certains shakes mieux qu'à d'autres. Pour ceux d'entre vous qui préférez un shake au goût plus doux, c'est un bon choix. Vous pouvez adapter certains ingrédients pour changer le goût à votre préférence comme le caramel, les noisettes ou le yaourt à la vanille.

Ingrédients:

- 10 cubes de glace
- 12 onces de lait écrémé
- 2 grandes cuillères de yaourt à la vanille allégé ou Kéfir
- 1 grande cuillère de beurre de cacahuètes peu gras
- 2 grandes cuillères de noisettes
- 1 grande cuillère de glace au caramel pour le nappage

Préparation:

Mélanger tous les ingrédients ensemble dans une centrifugeuse ou un mélangeur à grande vitesse, puis profiter d'une délicieuse boisson.

Valeur nutritive:

- Calories: 430
- Protéines: 23g
- Glucides: 20g
- Lipides: 11g

Jour 27

Petit-déjeuner : Shake à la banane pour la masse musculaire

Shake Gain de Muscle

Les gens qui restent fidèles à un régime d'augmentation de muscle ou à une routine profiteront encore plus s'ils ajoutent des shakes de muscle à cause de la facilité de préparation et à cause de la rapidité à laquelle le corps peut absorber la protéine et les aliments.

Ingrédients:

- ½ banane congelée
- 2 grande cuillère Crème fraîche fouettée (crème naturelle, pas en boîte)
- 2 œufs
- 10 à 12 onces d'eau
- 4 à 6 cubes de glace

Préparation:

Mélanger tous les ingrédients ensemble dans une centrifugeuse ou un mélangeur à grande vitesse, puis profiter d'une délicieuse boisson.

Valeur nutritive:

- Calories: 320
- Protéines: 18g
- Glucides: 15g
- Lipides: 9g

Jour 28

Déjeuner : Shake Doux d'Energie

Shake gain de muscle

Voici un grand exemple d'une recette de shake qui a des ingrédients très différents, mais pris ensemble ils sont une grande source de protéine et augmenteront votre performance de gymnastique.

Ingrédients:

- 1 banane, taille moyenne à grande
- 8 onces de lait écrémé
- 1 grande cuillère de mélange de graines de lin et d'amandes
- 1 petite cuillère de sirop de d'érable
- Quelques gouttes d'essence ou d'extrait de vanille
- 3 à 4 cubes de glace

Préparation:

Mélanger tous les ingrédients ensemble dans une centrifugeuse ou un mélangeur à grande vitesse, puis profiter d'une délicieuse boisson.

Valeur nutritive:

- Calories: 450
- Protéines: 19g
- Glucides: 16g
- Lipides: 10g

Jour 29

Petit-déjeuner: Shake à l'Orange

Shake gain de muscle

Commencez la journée avec un shake impressionnant pour booster votre système immunitaire et vous aider à augmenter vos muscles. Cette recette est riche en vitamine C et en potassium grâce aux fraises et au jus d'orange qui permettront aussi à vos muscles de se rétablir plus vite.

Ingrédients:

- 8 onces de jus d'orange
- 4 à 5 cubes de glace
- 1 petite cuillère d'extrait de vanille
- ½ banane
- 2 à 3 fraises congelées
- 2 petites cuillères de miel

Préparation:

Mélanger tous les ingrédients ensemble dans une centrifugeuse ou un mélangeur à grande vitesse, puis profiter d'une délicieuse boisson.

Valeur nutritive:

- Calories: 291
- Protéines: 15g
- Glucides: 12g
- Lipides: 5g

Jour 30

Petit-déjeuner: Shake explosif aux amandes

Shake gain de muscle

Comptez sur le fait d'avoir une meilleure digestion après avoir pris ce shake avec ce mélange de bouillie d'avoine, de raisins secs, d'amandes et de beurre de cacahuète. Les raisins secs lui donnent un goût excellent et la bouillie d'avoine lui apporte une texture différente des autres shakes.

Ingrédients:

- 10 à 12 onces de lait écrémé
- ½ tasse de bouillie d'avoine crue
- ½ tasse de raisins secs
- 12 amandes effilées
- 1 grande cuillère de beurre de cacahuètes

Préparation:

Mélanger tous les ingrédients ensemble dans une centrifugeuse ou un mélangeur à grande vitesse, puis profiter d'une délicieuse boisson.

Valeur nutritive:

- Calories: 380
- Protéines: 18g
- Glucides: 15g
- Lipides: 12g

Jour 31

Petit-déjeuner: Shake de baies sauvages

Shake gain de muscle

Les framboises sont connues pour être très riches en vitamine C et en antioxydants que beaucoup de professionnels médicaux suggèrent comme un anti-cancer en complément à vos repas quotidiens. C'est le mélange parfait pour ceux qui veulent gagner de la masse musculaire et de la force. Vous pouvez remplacer un casse-croûte ordinaire avec cette boisson saine qui est faible en protéines, mais aidera à faire une pause des autres shakes protéinées que vous prenez chaque jour.

Ingrédients:

- 8 framboises
- 4 fraises
- 15 myrtilles
- 16 onces lait écrémé
- ½ tasse de cubes de glace

Préparation:

Mélanger tous les ingrédients ensemble dans une centrifugeuse ou un mélangeur à grande vitesse, puis profiter d'une délicieuse boisson.

Valeur nutritive:

- Calories: 210
- Protéines: 9g
- Glucides: 10g
- Lipides: 8g

Jour 32

Petit-déjeuner: Shake aux cacahuètes et à la banane

Shake gain de muscle

Du point de vue de la nutrition ce shake est riche en protéines maigres et en glucides complexes, donc il augmentera la croissance de vos muscles et aidera à la récupération. Il vous donnera aussi une augmentation d'énergie pendant votre entraînement si vous le buvez une demi-heure avant.

Ingrédients:
- ½ tasse de cacahuètes
- ½ Banane
- 1 Tasse de lait écrémé
- ¼ Tasse de Quaker Oats
- 2 Cubes de glace
- 1 Pincée de sel

Préparation:

Mélanger tous les ingrédients ensemble dans une centrifugeuse ou un mélangeur à grande vitesse, puis profiter d'une délicieuse boisson.

Valeur nutritive:

- Calories: 230
- Protéines: 18g
- Glucides: 12g
- Lipides: 5g

Jour 33

Petit-déjeuner: Shake aux carottes et à l'Ananas

Shake gain de muscle

Ce shake pourrait vous sembler un peu étrange les gars, mais croyez-moi c'est bon pour vous et votre corps. Vous pouvez enlever ou diminuer les portions de certains des ingrédients selon votre préférence puisque ce mélange est très différent des autres.

Ingrédients:
- 1 tasse de lait au chocolat
- 3/4 de tasse de carotte râpée
- 10 portions d'ananas congelé
- 2 petites cuillères de coco découpé non sucré
- 1 petite cuillère de vanille
- 1 petite cuillère crème sucrée
- 4 onces de fromage Neufchâtel ou de crème de fromage

Préparation:

Mélanger tous les ingrédients ensemble dans une centrifugeuse ou un mélangeur à grande vitesse, puis profiter d'une délicieuse boisson.

Valeur nutritive:

- Calories: 220
- Protéines: 21g
- Glucides: 13g
- Lipides: 13g

Jour 34

Déjeuner Shake à la Citrouille

Shake gain de muscle

Un excellent shake pour vous aider à augmenter vos muscles et votre force avec un goût très unique qui le rend agréable à boire en consommant toujours une quantité décente de protéine. C'est le complément parfait pour la récupération et l'augmentation des muscles.

Ingrédients:

- 3/4 tasse de lait (celui que vous aimez)
- ¼ tasse de citrouille en boîte
- 1 grande cuillère de sirop à la saveur de citrouille
- ½ cuillère d'épices pour gâteau de citrouille
- 10 cubes de glace

Préparation:

Mélanger tous les ingrédients ensemble dans une centrifugeuse ou un mélangeur à grande vitesse, puis profiter d'une délicieuse boisson.

Valeur nutritive:

- Calories: 235
- Protéines: 20g
- Glucides: 17g
- Lipides: 1.5g

Jour 35

Petit-déjeuner: Shake aux Myrtilles et à la Pomme

Shake boost énergétique

Ce shake a pour but le maintien d'un haut niveau d'énergie. Il vous fournira aussi quelques protéines maigres qui vous aideront même si vous êtes fatigué un peu cette journée, ou si vous voulez juste vous pousser plus fort ce jour-là.

Ingrédients:

- ½ petite pomme coupée en petits morceaux (avec la peau)
- ½ tasse de cerises (rouges, sucrées, dénoyautées)
- ½ tasse de myrtilles
- 4 grandes cuillères de germe de blé
- Cubes de glace (si vous voulez)
- ½ tasse de protéine de lactosérum

Préparation:

Mélanger tous les ingrédients ensemble dans une centrifugeuse ou un mélangeur à grande vitesse, puis profiter d'une délicieuse boisson.

Valeur nutritive:

- Calories:300
- Protéines: 39g
- Glucides: 18g
- Lipides: 5g

Jour 36

Petit-déjeuner: Shake boost aux Cerises et à la Banane

Shake boost d'énergie

Deux grands ingrédients de dégustation dans un shake. Les cerises et les bananes fournissent une source importante de fibres dont votre corps a besoin en prenant de grandes portions de protéines. Essayez cette boisson avant toute séance d'entraînement de jour comme de nuit.

Ingrédients:

- ½ tasse de cerises (rouges, sucrées, dénoyautées)
- ½ tasse de banane
- 4 grandes cuillères de germe de blé
- Cubes de glace (si vous voulez)
- ½ tasse de protéine de lactosérum

Préparation:

Mélanger tous les ingrédients ensemble dans une centrifugeuse ou un mélangeur à grande vitesse, puis profiter d'une délicieuse boisson.

Valeur nutritive:

- Calories:300
- Protéines: 39g
- Glucides: 18g
- Lipides: 5g

Jour 37

Petit-déjeuner: Shake Œuf-Mania

Shake gain de muscle

Vous pouvez avoir un shake pour l'augmentation de muscles sans poudre de protéine et en consommant quand même une bonne quantité de protéines. Les petit-pois lui donnent une couleur verte, mais ne changent pas vraiment le goût. C'est une bonne combinaison de protéines et de glucides.

Ingrédients:

- 4 blancs d'œufs
- ½ tasse de fromage blanc
- 1 banane
- ¼ tasse de petits-pois
- Des tranches d'ananas
- Du lait de noix de coco
- Vous pouvez ajouter de l'extrait de noix de coco
- Des cubes de glace

Préparation:

Mélanger tous les ingrédients ensemble dans une centrifugeuse ou un mélangeur à grande vitesse, puis profiter d'une délicieuse boisson.

Valeur nutritive:

- Calories:280
- Protéines: 25g
- Glucides: 40g
- Lipides: 4g

Jour 38

Petit-déjeuner: Shake Riche en Protéines

Shake gain de muscle

Améliorez votre performance de gymnastique par l'augmentation des protéines quotidiennes. Ce shake est riche en protéines et bon de goût.

Ingrédients:

- ½ tasse d'eau
- 1 grande cuillère de protéine de lactosérum en poudre
- 2 grandes cuillères de miel
- 1 grande cuillère de beurre de cacahuètes lisse
- ½ tasse de glace

Préparation:

Mélanger tous les ingrédients ensemble dans une centrifugeuse ou un mélangeur à grande vitesse, puis profiter d'une délicieuse boisson.

Valeur nutritive:

- Calories:114
- Protéines: 34g
- Glucides: 5.2g
- Lipides: 4.5g

Jour 39

Petit-déjeuner: Shake de Mélange de Fruits

Shake gain de muscle

Ce shake peut facilement remplacer votre petit déjeuner mais cela est toujours une portion saine de nourriture pour votre corps. Ce shake contient beaucoup d'aliments dont votre corps a besoin pour débuter la matinée. Cette recette contient des protéines et des glucides pour vous apporter de l'énergie et de la force pendant l'entraînement.

Ingrédients:
- ½ banane découpée
- ½ tasse de fraises découpées
- 1 petite pomme
- 1 petite prune
- 1 tasse de lait au chocolat
- 1 grande cuillère de beurre de cacahuètes lisse
- 1 grande cuillère de protéine de lactosérum en poudre

Préparation:

Mélanger tous les ingrédients ensemble dans une centrifugeuse ou un mélangeur à grande vitesse, puis profiter d'une délicieuse boisson.

Valeur nutritive:

- Calories: 700
- Protéines: 46g
- Glucides: 90g
- Lipides: 20g

Jour 40

Petit-déjeuner: Shake au Chocolat

Shake gain de muscle

Une bonne façon de combiner une barre de chocolat noir avec de bons ingrédients pour obtenir un shake qui augmentera votre performance de gymnastique et augmentera vos muscles.

Ingrédients:

- 1 barre de chocolat noir
- 4 œufs
- 3 tasses de lait
- 1 grande cuillère de protéine de lactosérum en poudre

Préparation:

Mélanger tous les ingrédients ensemble dans une centrifugeuse ou un mélangeur à grande vitesse, puis profiter d'une délicieuse boisson.

Valeur nutritive:

- Calories: 290
- Protéines: 45g
- Glucides: 37g
- Lipides: 19g

Jour 41

Petit-déjeuner: Shake au Goût Riche et Diversifié

Shake gain de muscle

Ce shake est une source excellente de protéines et de fibres dont votre corps a besoin. Il est plein d'aliments et de vitamines qui vous apporteront à la fois plus de muscles et plus d'énergie pendant l'entraînement de construction de muscles.

Ingrédients:
- 4 grappes de raisins, épépinées
- 0.5 grammes Mûres fraîches,
- 25 myrtilles fraîches
- 0.50 grammes Fraises fraîches
- 1 tranche, fine (3- ½ " diamètre x ½ " épaisseur) Ananas, frais,
- 10 grammes Pommes fraîches,
- 4 onces Yaourt pauvre en gras,
- 0.50 grammes Chou frisé

- 1 branche de Brocoli frais
- 0.5 grammes Oranges
- 1 grande cuillère de protéine de lactosérum en poudre

Préparation:

Mélanger tous les ingrédients ensemble dans une centrifugeuse ou un mélangeur à grande vitesse, puis profiter d'une délicieuse boisson.

Valeur nutritive:

- Calories: 280
- Protéines: 48g
- Glucides: 31g
- Lipides: 4.2g

Jour 42

Petit-déjeuner: Shake pour un Réveil Immédiat

Shake gain de muscle

Voici comment vous devriez commencer la journée, l'énergie sera le mot clé de ce shake, mais croyez bien aussi qu'il fait gagner du muscle.

Ingrédients:

- 1 banane moyenne fraîche
- 2 portions (60 gr) de flocons d'avoine
- 1 à 2 grandes cuillères de beurre de cacahuètes, lisse
- 1 tasse de yaourt (250 ml) pauvre en gras (0% - 1.5% matières grasses)
- 1/2 grande cuillère (ou moins) de cannelle moulue

Préparation:

Mélanger tous les ingrédients ensemble dans une centrifugeuse ou un mélangeur à grande vitesse, puis profiter d'une délicieuse boisson.

Valeur nutritive:

- Calories:650
- Protéines: 28g
- Glucides: 85g
- Lipides: 10g

Jour 43

Déjeuner Shake Mango-Tango

Shake gain de muscle

C'est un bon shake que vous pouvez ajouter à d'autres, donc vous pouvez prendre deux shakes par jour car c'est riche en fibres et pauvre en lipides. Ce shake maigre vous aidera à lutter contre toute fatigue pendant la gymnastique et améliorera votre performance.

Ingrédients:

- 2 grandes fraises, fraîches ou congelées
- 10 myrtilles, fraîches ou congelées
- 1 tasse de jus d'orange
- ½ mangue, fraîche ou congelée
- 1 grande cuillère de poudre de protéine de lait

Préparation:

Mélanger tous les ingrédients ensemble dans une centrifugeuse ou un mélangeur à grande vitesse, puis profiter d'une délicieuse boisson.

Valeur nutritive:

- Calories:250
- Protéines: 30.5g
- Glucides: 52g
- Lipides: 8.4g

Jour 44

Petit-déjeuner: Shake de Mandarines et d'Ananas

Shake gain de muscle

Pour gagner du muscle, il n'y a aucun secret ; vous devez vous entraîner et vous nourrir correctement ! Si vous n'avez pas assez d'énergie pendant l'entraînement, vous vous fatiguerez. C'est pour cela que l'addition des ingrédients vous boostera quand c'est nécessaire, pour faire toute la différence quand on essaie de construire des muscles plus forts.

Ingrédients:

- ½ tasse de morceaux d'ananas congelés
- ½ tasse de Mandarines en boîte
- 2 petites cuillères de miel
- 1 grande cuillère de protéine de lactosérum en poudre

Préparation:

Mélanger tous les ingrédients ensemble dans une centrifugeuse ou un mélangeur à grande vitesse, puis profiter d'une délicieuse boisson.

Valeur nutritive:

- Calories:150
- Protéines: 39g
- Glucides: 17g
- Lipides: 11g

Jour 45

Petit-déjeuner: Shake de Beurre de Cacahuètes et de Pommes

Shake gain de muscle

Les shakes peuvent être une grande source de calories et d'énergie qui sont nécessaires pour augmenter la masse musculaire. Ce shake délicieux est fait pour vous aider à augmenter vos muscles et à maintenir un haut niveau d'énergie.

Ingrédients:

- 3/4 tasse de Yaourt nature ou à la vanille
- 2 grandes cuillères de beurre de cacahuètes
- 1 Banane
- 1/8 de tasse de lait
- 3/4 tasse de glace
- 1 pomme

Préparation:

Mélanger tous les ingrédients ensemble dans une centrifugeuse ou un mélangeur à grande vitesse, puis profiter d'une délicieuse boisson.

Valeur nutritive:

- Calories:440
- Protéines: 22g
- Glucides: 50g
- Lipides: 19g

Jour 46

Petit-déjeuner: Shake Super-Banane

Shake gain de muscle

Le lait d'amande à la vanille fera un bon shake de protéines. Il contribue à la croissance de la masse musculaire sans déséquilibrer votre régime. Vous pouvez réduire ou éliminer la cannelle pour lui donner votre préférence de goût spécifique.

Ingrédients:

- ½ tasse de lait d'amande à la vanille
- ½ tasse d'eau
- ½ banane
- Une pointe de cannelle
- Grande cuillère de protéine de vanille en poudre

Préparation:

Mélanger tous les ingrédients ensemble dans une centrifugeuse ou un mélangeur à grande vitesse, puis profiter d'une délicieuse boisson.

Valeur nutritive:

- Calories:350
- Protéines: 43g
- Glucides: 25g
- Lipides: 5g

Jour 47

Petit-déjeuner: Shake Puissance de l'Avoine Brune

Shake gain de muscle

La combinaison du chocolat noir, du fromage blanc et de la bouillie d'avoine augmentera le développement de vos muscles et vous apportera l'augmentation d'énergie que vous cherchiez dans la gymnastique, en même temps qu'une amélioration de votre digestion et de l'état de votre cœur.

Ingrédients:

- ½ tasse de fromage blanc (ou une tasse de Yaourt à la Grecque)
- ½ à 1 tasse d'eau (selon l'épaisseur voulue) ou de lait
- 10g chocolat noir
- ½ tasse de gruau d'avoine
- ½ banane
- 1 grande cuillère de protéine de lactosérum en poudre

Préparation:

Mélanger tous les ingrédients ensemble dans une centrifugeuse ou un mélangeur à grande vitesse, puis profiter d'une délicieuse boisson.

Valeur nutritive:
- Calories: 150
- Protéines: 40g
- Glucides: 20g
- Lipides: 8g

Jour 48

Petit-déjeuner: Shake de Protéine de Lait

Shake gain de muscle

Pour construire et maintenir votre masse musculaire vous avez besoin d'augmenter les hydrates de carbone et les protéines pour avoir l'énergie de travailler dur, et les ingrédients qui permettront à vos muscles de se développer complètement.

Ingrédients:

- 1 grande cuillère de protéine de lait en poudre
- ½ banane
- ½ tasse d'amandes effilées
- 8 onces de lait
- 3 cubes de glace

Préparation:

Mélanger tous les ingrédients ensemble dans une centrifugeuse ou un mélangeur à grande vitesse, puis profiter d'une délicieuse boisson.

Valeur nutritive:

- Calories:335
- Protéines: 31g
- Glucides: 25g
- Lipides: 18g

Jour 49

Petit-déjeuner: Shake d'Avocat

Shake gain de muscle

Les shakes de protéine avec des légumes sont rares, mais devraient être plus nombreux à cause de la valeur qu'ils apportent à votre régime et à votre corps. L'avocat est considéré par certains comme une "nourriture formidable" et il est super pour votre corps.

Ingrédients:

- ½ avocat
- 1 grande cuillère de coco râpé
- 1 tasse de lait d'amande
- 1 grande cuillère de protéine de lactosérum en poudre

Préparation:

Mélanger tous les ingrédients ensemble dans une centrifugeuse ou un mélangeur à grande vitesse, puis profiter d'une délicieuse boisson.

Valeur nutritive:

- Calories:300
- Protéines: 35g
- Glucides: 20g
- Lipides: 8g

Jour 50

Petit-déjeuner: Shake Suprême de Baies

Shake gain de muscle

Une combinaison complète de baies et de protéines pour améliorer la croissance du muscle et la récupération, le tout dans un même shake. Le goût est délicieux et les résultats sont encore meilleurs quand vous avez besoin de vous entraîner dur et vouloir constater les résultats.

Ingrédients:

- ½ de tasse de fraises
- ¼ de tasse de mélange de baies (framboises, myrtilles, mûres)
- ¼ tasse de jus de grenade bio
- ¼ tasse de jus de raisin bio
- 1 poignée d'amandes effilées pour la garniture
- 1 grande cuillère de protéine de lactosérum en poudre

Préparation:

Mélanger tous les ingrédients ensemble dans une centrifugeuse ou un mélangeur à grande vitesse, puis profiter d'une délicieuse boisson.

Valeur nutritive:

- Calories:200
- Protéines: 31g
- Glucides: 19g
- Lipides: 1g

AUTRES GRANDS TITRES DE CET AUTEUR

95 Recettes de Repas et de Boissons

Soyez Plus Grand, Plus Fort et Bien Bâti

95 Recettes de Repas et de Jus

Pour Diabétiques

Un Livre pour la Nutrition Quotidienne

Des Diabétiques

50 Recettes de Jus pour Abaisser votre Pression Sanguine

Réduire votre Pression Sanguine Facilement

www.ingramcontent.com/pod-product-compliance
Lightning Source LLC
Chambersburg PA
CBHW070152080526
44586CB00015B/1960